LETTRE

D'UN MÉDECIN
DE PARIS,
A UN MÉDECIN
DE PROVINCE.

Non, Monfieur; les gens fans préjugés & inftruits, ne doutent plus des effets du Magnétifme animal, ni de l'avantage de cette précieufe découverte. L'opinion publique eft fixée, malgré les vagues déclamations de quel-ques-uns de nos Confreres, & les fublimes differtations de quelques beaux efprits d'A-cadémies & de Sallons. Les Dames, je l'avoue, ne voyent encore dans le Magnétifme animal que des convulfions : les Profeffeurs de Phyfiqué de Picardie, difent à leurs Ecoliers, qu'il n'eft

A

queſtion , dans tout ceci, que de ſoufre &
de limaille de fer ; beaucoup de Savans même
répétent ce que diſent les Phyſiciens de
Picardie ; on s'épuiſe de toutes parts en
fauſſes recherches & en récits d'abſurdités :
le fait eſt que M. Meſmer, qui a tout l'air
d'un homme qui tient une grande vérité, rit
de tout ce qu'il entend, & n'en ſuit pas
moins ſa marche. Il arrivera au but , je l'eſpere , malgré les pierres qu'on jette ſur ſon
chemin.

On croira un jour avec peine, que le plus
grand obſtacle qu'il ait rencontré lui ſoit venu
du parti d'un homme, qui, ſous quelque
rapport qu'on le conſidère , me paroît indi-
gne de toute confiance : pourra-t-on ſe per-
ſuader , quand le tems de rendre hommage à
la verité ſera venu , qu'il a exiſté un moment
où Paris s'eſt partagé entre M. Meſmer &
M. Delon? ce moment eſt celui où je vous écris.
On ne parle plus que de M. Délon, des ſuccès
de M. Délon, des Commiſſaires nommés pour

M. Délon. Ne trouvez-vous pas bien étrange que nous ayons pour Confreres, des hommes qui faſſent aſſez peu de cas de leur réputation, & comme Médecins, & comme gens d'honneur, pour aller examiner la nature & les effets de cette découverte chez M. Délon? Vous n'ignorez pas que M. Meſmer le déſavoue pour la doctrine, & l'accuſe pour le fait, comme coupable de la plus vile ingratitude dans l'uſage ou l'abus des procédés qu'il lui a ravis.

J'eſpere, Monſieur, que vous aurez bientôt arrêté votre jugement ſur cet étrange procès, qui n'auroit jamais dû en être un, quand vous aurez lu une Lettre dont je me ſuis amuſé à faire le projet, & que je ſuppoſe écrite par M. Meſmer à un des membres de la Commiſſion : je crois qu'il ne ſeroit pas facile d'y répondre. Vous voudrez bien me dire ce que vous en penſez.

J'ai l'honneur, &c.

Projet d'une Lettre telle que pourroit l'écrire M. Mesmer, à un Médecin de la Commission nommée pour examiner, chez M. Délon, la nature & les effets de la découverte du Magnétisme animal.

Permettez-moi, Monsieur, d'avoir assez de confiance dans votre honneur & votre jugement, pour espérer que vous voudrez bien lire avec attention, quelques petites observations que j'ai à faire sur la Commission dont vous vous chargez chez M. Délon. Je vais d'abord, si vous voulez bien le permettre, parler à votre honneur, & je crois que vous serez forcé de convenir, qu'il est ici beaucoup plus intéressé que vous ne le pensez.

J'accuse M. Délon d'avoir abusé de ma confiance, d'avoir violé les engagemens les plus sacrés, de disposer de ma propriété dans l'usage de quelques procédés qu'il a appris de moi, & qu'il s'est obligé, sous le sermentle plus sacré, celui de l'honneur, à tenir secret ; de faire son profit de ce qu'il sait de ma découverte, & fans mon confentement, contre toute efpece de raifon, de droit & de juftice. Je l'accufe hautement, publiquement : & voici le titre fur lequel je fonde cette accufation.

Conventions.

Nous fouffignés Antoine Mefmer, Docteur en Médecine de Vienne en Autriche, d'une part ; & Charles-Nicolas Délon, Docteur-Régent de la Faculté de Médecine de Paris, &c. d'autre part ; fommes convenus de ce qui fuit : Savoir ;

Moi Antoine Mefmer . . . . . . Je fais choix de M. Délon, pour m'aider dans le traitement des malades qui réclament ou réclameront mes foins ; & d'après la jufte opinion que j'ai de fon zèle & de fa probité, je me décide à en faire mon Eleve dans la Science du Magnetifme animal, aux conditions fuivantes :

1.° Qu'il ne pourra lui-même former aucun Eleve, ni tranfmetre directement ou indirectement à quelque perfonne que ce foit, les connoiffances qu'il aura acquifes auprès de moi.

2.º Qu'il s'interdira, fur la doctrine qui lui fera révélée, la faculté de publier toute efpece d'écrit propre à en annoncer les principes ou à en faire connoître les procédés.

3.º Qu'il ne fera avec aucun regnicole ou étranger, avec aucun Prince ou Gouvernement que ce puiffe être, ni traité, ni négociation, ni accord quelconque, relatif au Magnétifme animal ; cette découverte étant ma propriété, & nul ne devant en difpofer fans mon confentement.

4.º Qu'il ne pourra réunir ou affembler des malades chez lui, ni en aucun lieu, pour les traiter enfemble par ma méthode ; lui permettant feulement de voir & de traiter des malades en particulier, & d'une maniere ifolée, fans appareil de boîtes ou d'autres machines à Magnétifme animal.

5.º Que s'il contrevenoit aux conditions ci-deffus énoncées, il fera obligé de me payer la fomme de cent cinquante mille livres, à laquelle je fixe mes dommages & intérêts ; déclarant, au furplus, que lefdites Conventions fub-fifteront ma vie durant, ou autant qu'il me paroîtra convenable ; & qu'elles ne cefte-ront d'obliger le fieur Délon, qu'autant que j'y dérogerai expreffément, ou par écrit.

Et moi, Charles Nicolas Délon . . . . Confidérant qu'en effet la découverte du Magnétifme animal, eft pour M. Mefmer, fon Auteur, une propriété d'autant plus précieufe, qu'elle l'a expofé à plus de traverfes & d'en-nuis ; regardant en conféquence comme un délit auffi odieux que puniffable, toute action qui tendroit à l'en dépouiller ; convaincu d'ailleurs, qu'il n'appartient qu'à M. Mefmer, de déterminer la maniere dont il doit la ré-pandre, & certain que toutes les précautions qu'il peut prendre relativement à fa publi-cité, n'auront jamais pour objet, que de la tranfmettre à l'humanité, exempte des abus qui peuvent en corrompre ou en affaiblir l'influence.

Je fufnommé déclare, que j'accepte avec re-connoiffance la double qualité d'Adjoint , & d'Eleve de M. Mefmer , aux conditions qu'il m'impofe , & que j'ai expreffément détermi-nées : promettant fur ma parole d'honneur, d'obferver ces conditions, de l'aider & le foulager dans le traitement de fes malades, & me foumettant à la peine inférée dans le préfent acte, s'il m'arrivoit jamais d'y dé-roger.

. Fait double, fous nos feings-privés, avec promeffe de paffer acte, ou ratification du préfent, par-devant Notaires, & à première réquifition.

A Paris, le 18 Mai 1783.

Signés, DÉLON. MESMER.

Comme M. Délon n'a aucun titre à oppo-fer à celui de fes engagemens ; & comme depuis le tems où ils ont été contractés, ils n'ont été infirmés par aucun acte contraire, ni confentement de ma part à rien de ce

qu'il fe permet ; il s'en fuit néceffairement,
que c'eft d'après ce traité, que M. Délon
doit être jugé : & voyons comment il peut
l'être.

N.° 1. Il eft très-expreffément dit par cet
article, *qu'il ne pourra former aucun Élève,
ni tranfmettre directement ou indirectement
à quelque perfonne que ce foit, les connoiffances qu'il aura acquifes auprès de moi.*

Or, indépendamment de l'ufage illicite
qu'il en fait, il tranfmet très-directement le
peu de connoiffances qu'il a acquifes auprès
de moi ; à vous nommément, Monfieur,
qui ne pouvez juger de rien de ce qu'il
pratique, s'il ne vous le révéle. Ici je ne
puis m'empêcher d'avertir votre honneur,
que vous voilà, par le feul fait, participant
du tort dont il eft coupable envers moi,
& que cette feule confidération devroit vous
arrêter.

Par l'art. 4, M. Délon *s'engage à ne point
réunir ou raffembler de Malades chez lui, &c.*

Pour s'affurer de la manière dont il obferve fes engagemens, il fuffit d'aller chez lui.

M. Délon veut bien reconnoître lui-même, *que la découverte du Magnétifme animal eft ma propriété, & d'autant plus précieufe qu'elle m'a expofé à plus de traverfes & d'ennuis*, &c.

Sous ce rapport, M. Délon, je ne faurois en difconvenir, a ajouté infiniment de prix à ma propriété.

M. Délon regarde *comme un délit auffi odieux que puniffable, toute action qui tendroit à m'en dépouiller.*

Et le même homme qui a écrit & figné cet article, eft celui que j'accufe, & dois accufer aujourd'hui de cet odieux & puniffable délit.

Il eft évident, Monfieur, & de première évidence, que M. Délon, dans le tems même où il a figné fes engagemens, a figné fon jugement & fa condamnation ; il n'eft pas moins évident, qu'on doit regarder comme contraire à l'honnêteté, d'aller recueillir auprès de lui, celles des connaiſſances qu'il tient de moi, & les ſeules qu'il ait, toutes les fois qu'il ſe permettra de parler du Magnétiſme animal ; connaiſſances qu'il ne peut avoir le droit de divulguer, s'il ne tient encore ce droit de moi. Tout homme d'honneur ne ſauroit donc, ſur cela, écouter M. Délon ; car ce ſeroit très-réellement prendre ſa part d'un vol. Quelque dure que paroiſſe cette expreſſion, elle eſt la ſeule vraie, quand il s'agit d'un attentat contre la propriété, & la propriété confiée ſous les engagemens les plus ſacrés.

J'ai parlé à votre honneur, Monſieur ; je vais actuellement parler à votre jugement.

En ſuppoſant même, ce qui n'eſt pas aſſurément, que M. Délon fut parfaitement inſtruit de ma doctrine, & que je l'avouaſſe comme tel ; il ſeroit encore, ce me ſemble, plus raiſonnable, pour bien connoître une découverte, & s'aſſurer de ſes effets, de s'adreſſer directement à l'Inventeur, que d'aller le recueillir auprès de l'Élève. N'eſt-ce donc pas le comble de l'inconſéquence la plus abſurde, que de recourir à ce faux Élève, que je ne reconnois pas, & ne puis reconnoître pour inſtruit de ma doctrine, puiſqu'il ne l'eſt pas, abſtraction faite de tout l'odieux de ſa conduite? Oui, je le jure ici, Monſieur; s'il n'étoit queſtion que de l'ingratitude de M. Délon, de l'abus de confiance dont eſt coupable M. Délon, du tort perſonnel que me fait M. Délon; je crois que je me ſentirois le courage de l'oublier.

J'ai quelquefois eu à ſubir des épreuves de trahiſon, & de perfidie, aſſez pour me connoître, & pouvoir répondre de moi. Mais il s'agit ici d'une découverte, dont le ſort ne peut m'être indifférent, & qui intereſſe l'humanité entiere. Il faut qu'elle ſoit connue abſolument dans ſes principes, & dans ſes réſultats, pour être jugée; je répéte donc, & déclare formellement, qu'on ne peut en acquérir aucune idée satisfaisante, sur des lambeaux épars, tels que quelques procédés, qui, quoique suivis d'effets, & même d'effets heureux, n'ont & ne peuvent avoir de sûreté, qu'autant qu'ils tiennent à l'ensemble de la doctrine que M. Délon ignore. Je déclare donc encore, & j'espere le prouver, qu'il n'y a de vraie doctrine du Magnétisme animal, que la mienne. Je vois encore ici votre honneur compromis, Monsieur; car vous ne pouvez faire un rapport comme Commissaire, qu'avec une entiere & parfaite connoissance de l'objet sur lequel vous devez asseoir votre jugement. La plus foible réclamation de ma part dans ce genre, quand vous la supposeriez n'avoir aucun motif réel, devroit encore vous arrêter; ne fut-ce que par la crainte des reproches bien fondés qu'on feroit en droit de vous faire : prenez-y bien garde, Monsieur; il s'agit ici de quelque chose de plus que d'un scrupule.

Voici, pour résumer, un dilemme assez

embarraffant : ou **M. Délon** a le fyftême en-
tier de mes connoiffances ; fyftême fans lequel
je foutiens qu'on a qu'une idée très-imparfaite
& très-dangereufe, peut-être, du Magnétifme
animal ; ou il ne l'a pas.

S'il l'a, comme il ne le tiendroit que de
moi, ce qui paroîtroit affez vraifemblable, il
ne peut le révéler fans mon confentement ;
daignez toujours vous rappeller cela, Monfieur,
en qualité de Commiffaire ; il me vole, s'il
le fait ; & vous êtes coupable, fi vous l'écoutez.

S'il ne l'a point, ce fyftême, votre rapport
fait, d'après ce que vous verrez & entendrez de
lui, fera faux, & vous vous expoferez, comme
lui, aux reproches très-juftement mérités,
de tromper le public, & de nuire aux pro-
grès de la vraie doctrine ; ce n'eft plus envers moi feul que vous ferez coupable, mais
envers votre nation, chez laquelle je viens
dépofer le fruit de mes obfervations, de mes
études, & qui attend de vous un jugement
vrai & fûr.

Répondrai-je à un misérable sophisme, derrière lequel M. Délon se retranche, m'a-t-on dit avec une sorte de confiance.

Il prétend être en droit de violer ses engagemens; il fait plus, il prétend le prouver par mes propres paroles. J'ai dit que je ne l'avois pas instruit de ma doctrine, donc j'ai tort de l'accuser de la révéler, & de manquer à sa parole.

Oui, je l'accuse de révéler ceux de mes procédés qu'il a appris de moi, & les seuls qu'il ait, & qui tiennent à ma doctrine; en cela il me trompe. S'il dit qu'il a ma doctrine entiere, il trompe le Public; s'il dit enfin, qu'il s'est fait une doctrine à lui, dont il est l'Inventeur; j'avoue qu'il est malheureux pour lui, de n'en avoir parlé qu'après avoir demeuré plusieurs années avec moi, & après avoir avoué, écrit & signé, qu'il reconnoissoit la découverte du Magnétisme animal, pour être ma propriété! à quelles pitoyables inconséquences ne conduit pas la mauvaise foi !

En voilà bien affez, Monfieur, pour vous éclairer fur la conduite que vous devez tenir. Il me femble qu'un homme d'honneur & de jugement, ne fauroit long-tems héfiter.

J'ai l'honneur d'être , &c.

9 782329 396279